悩んでないで仏さまに聞いてごらん

武田　仁

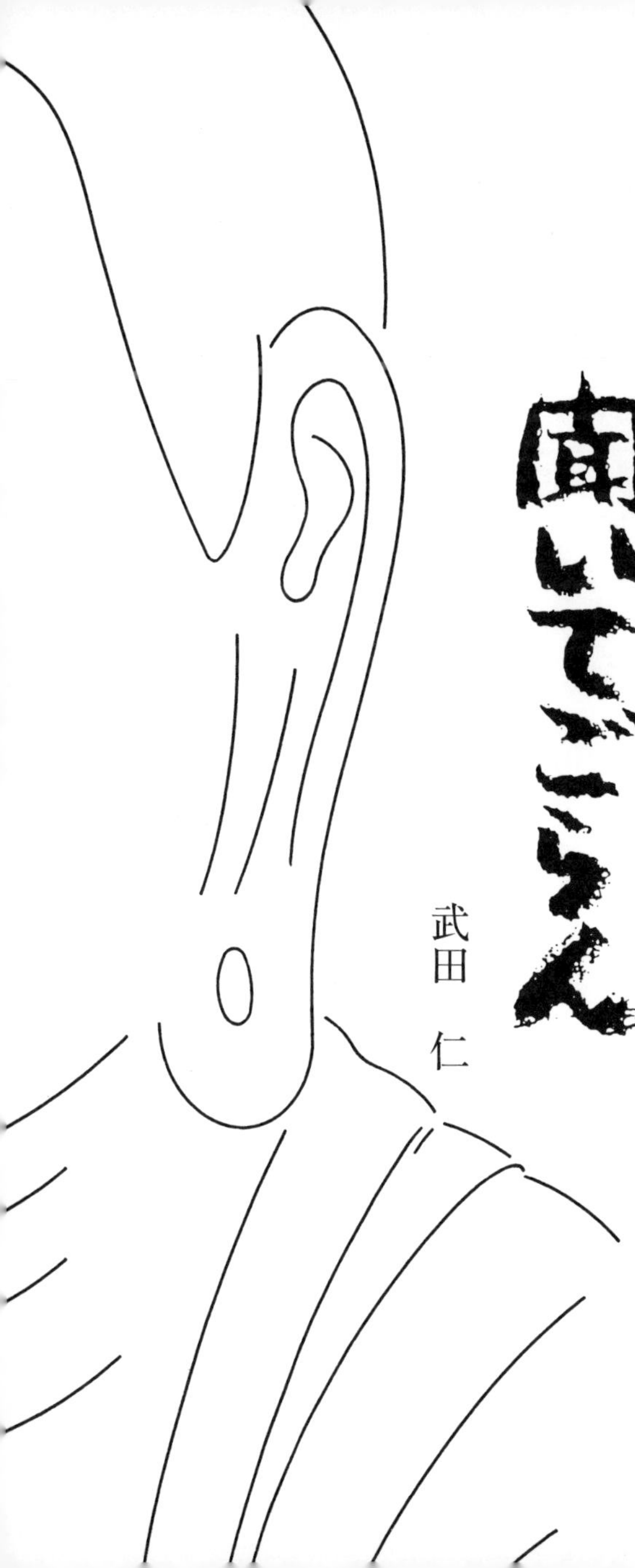

松原泰道先生に師事して二十五年間、多くのことを学ばせていただきました。

亡くなられてみると、その教えが全身に入っており、事あるごとに思い出され、毛穴の中からあらわれてまいります。

そのひとつひとつを整理し、集めてみたのがこの本です。

本来ならば、ことばをそろえることが必要ですが、先生がおっしゃっていたとおりにいたしました。

かえってそのほうが、先生へのご恩返しになるかと思ったからです。

この本を今は亡き松原泰道先生と志ず夫人に捧げます。

武田　仁　合掌

目次

とらわれない

求めない

かたよらない

大きな岩が風によって
動かないように、
賢い人はそしりやほまれの間で
心を動かすことはない。

とらわれない

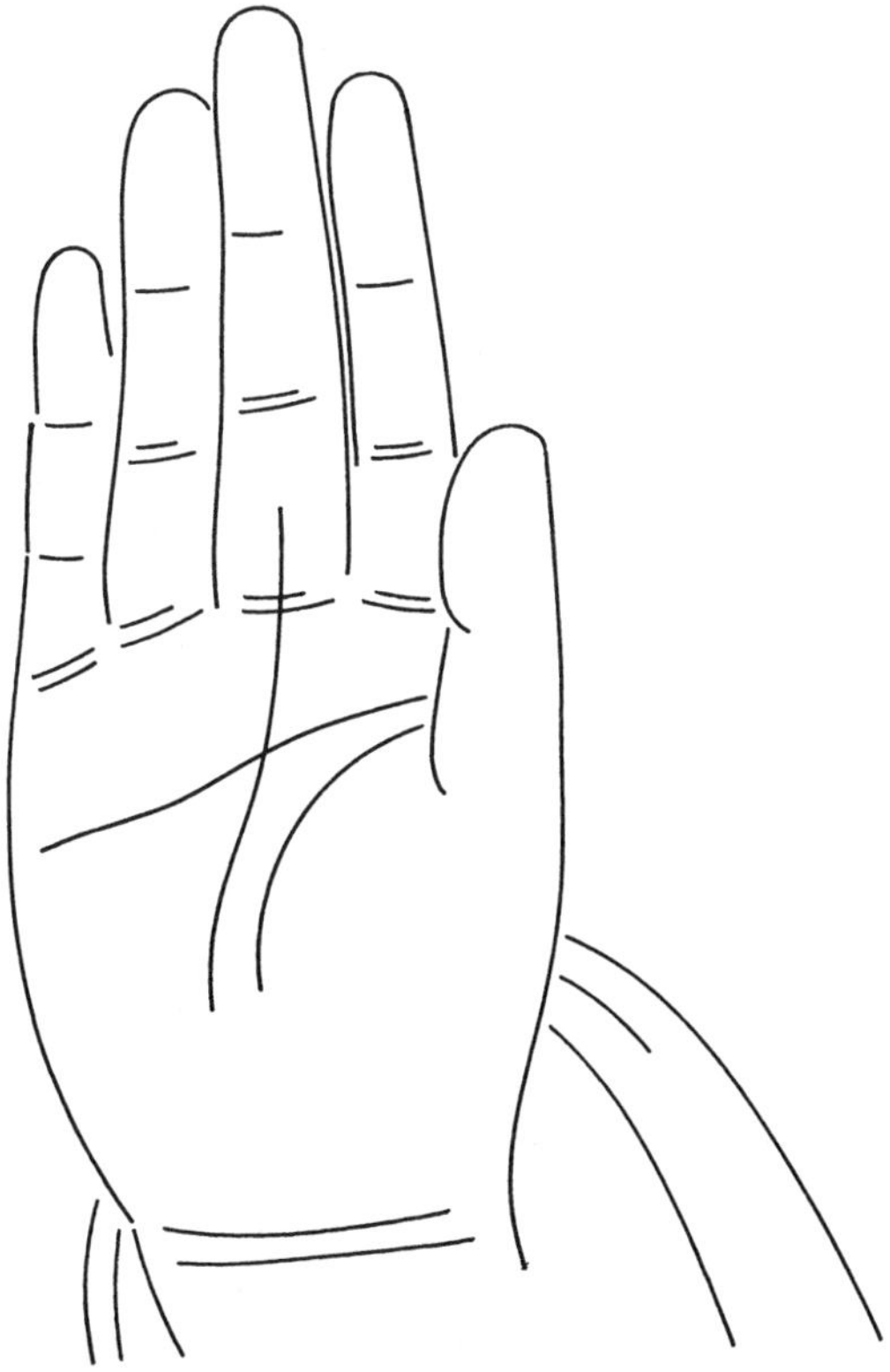

つまづいたときがチャンス

人生は七転び八起きということばがあるではありませんか。
つまづくことの多い人ほど
大きなものをつかんで成功しています。
つまづいても元気に起きあがり、
チャンスをつかみましょうよ。

吉祥天立像　京都・浄瑠璃寺
この仏さまは、私のような美人だとだまされやすいから、男性の方は気をつけなさいよと教えてくれるのだという説明を聞いたことがあります。

待つことは勇気

人生には流れがあります。
川を渡ろうとしても流れに逆らっては渡れません。
流されながらも「渡る」という目的を持っていれば、
必ず渡れます。
そのためにはチャンスを待つことも大切なのです。

十一面観音立像　滋賀・渡岸寺
私の知るかぎり、日本の数ある十一面観音さまの中で
一番美しいと思います。特にその横顔にはぞくぞくする魅力があります。

信念を持ちなさい

人生はいつどうなるかわかりません。
「私はこういう生き方をする」という信念を持つことで、
あなたの人生ははっきりとします。
あなたも信念を持ちましょう。

千手観音立像　近江・長命寺
この可愛らしいお顔でいながら、霊験あらたかというところが、魅力です。お会いしたくなりませんか。

生き方に特効薬はない

すぐに治る特効薬などぜったいにありません。
自分について、もっととことん勉強しましょう。
苦しんで苦しんで、悩んで悩んで、よーく考えてこそ、
道は開けるものです。

白象王菩薩坐像　京都・即成院
阿弥陀さまの来迎図の中の二十五菩薩は、みな楽器を持っていますが、その中で笛を吹いているのが白象王菩薩さまです。

人生は不平等

目の前に起きていることは、ただの事実です。

それが人によってはよいことであったり、悪いことであったりするものです。すべてが平等ではありません。

そうしてみると世界が変わります。

不空羂索観音坐像　奈良・興福寺南円堂
私の大好きな観音さまのひとつで、毎朝私たち夫婦はわが家のダイニングに掛けてあるこの仏さまに延命十句観音経をあげております。

逆境こそ変化のとき

逆境をどう乗り越えるかによって、
その人の運命は大きく変わってきます。
覚悟を決めて、えーいままよと腹をくくれば、
新しい道も自然と開けてくるものです。

聖観音菩薩坐像　奈良・東大寺
183センチもある仏さまで、なかなか厳しいお顔の中にも
強い意思をあらわされ、私たちを救いお守りしてくださる
のがよくわかります。

災難は幸せのスタート

これでまた、人の苦しみや悲しみが少しはわかる人間になれたと考えれば、災難もありがたく思えます。
「災転じて福となす」です。
災難を災難でなく、
あなたをプラスするスタートにしていきましょう。

阿弥陀如来坐像　奈良・興福院（こんぶいん）
奈良の中でも最も観光寺らしくない門跡寺院で、電話で予約をしないと拝めません。そのため何日間も待つことがあります。
私の作品「山越阿弥陀図」もここに奉納してあるんですよ。

生きる意味って何

生きるとは、仏教では「生き方を明らかにしなさい」と教えます。
それは自分のためではありません。
すべて他人のお役に立つように、
この世に人間として生まれてきたからなのです。

十一面観音立像　奈良・法華寺
光明皇后さまをモデルにして制作されたといわれ、そのふくよかなお姿は何ともいえません。蓮の花や葉を光背にしているのも特徴のひとつです。

「仕方がない」ではいいことはない

「あきらめ」とは、仏教では明らかに真理を見る、意識をするということです。
ですから、「仕方がない」ということは何ひとつもありません。

帝釈天立像　京都・妙法院
三十三間堂の千手観音さまの前で会えます。帝釈天さまと阿修羅さまはいつも戦っていたのは有名で、その物語はいつまでも語り継がれております。

何ごともとらわれては駄目

いつまでも、執着していると、なかなか解決がつきません。
執着を忘れると、アッという間に解決するものです。
とらわれないで考えてみましょう。

弥勒菩薩半跏像　京都・広隆寺
日本で国宝の第一号に指定されたのは有名で、私が海外で個展を開くと、多くの方々がミロクボサツと言ってくれたのは嬉しかった思い出のひとつです。

子供のおかげで親になる

「子は親の後ろ姿を見て育つ」とよくいわれます。
そういわれると、親はしっかりしなければいけません。
そのせいでしょうか、親も子を見て逆に教わることばかりです。

雲中供養菩薩像
私の描いた奈良・興福院に奉納してある「山越阿弥陀図」の中にいらっしゃる六人の菩薩さまの中のひとりです。

後悔は大いになさい

人間は後悔することがとても大切です。
考える力を持っている人間だからこそなのです。
深く考えて後悔すれば、自ら立ち直ることができます。

釈迦如来立像
この作品を発表したとき、フレディ・マーキュリーの画も展示したので、みながフレディの顔かと思ったというエピソードが残っています。

自分に都合のいいことばかりではない

人間は皆ストレスを抱えて生きています。
いつの時代でも自分に都合のいいことばかりではありません。
生きづらい世の中だからこそ、生き甲斐を感じるというものです。

聖観音菩薩立像
私のオリジナルですから、お寺にはありません。行く先が決まれば、そこの仏さまになります。行った先ではほとんど寺宝となって大切にしていただいております。

「たたり」なんて間違い

不幸なことが起きると、これは先祖や亡き人の「たたり」だという人がいますが、それは間違いです。

先祖や亡き人が、私たちに何かを教え、気づかせてくれているメッセージだと思うことが正しいのです。

愛染明王坐像　奈良・西大寺

ブリュッセルで、この仏さまは愛の仏さまで、つまりキューピッドと同じだと説明すると、仏教の教えは奥が深いのですねと、多くの人が驚いていました。

毎日クリアできる小さな目標からはじめる

大きな目標をいっぺんに達成しようとするとなかなかできません。
毎日、小さな目標をひとつひとつクリアすることで
自信ができ、やがて大きな目標が達成できるものです。

如意輪観音半跏像　京都・宝菩提院
この仏さまが完成したとき、私は願を掛けて三年間毎朝真言をあげておりました。最近急にこの仏さまに人気が集まりだしたのは、そのせいかと思っております。

もっと楽に生きたい

それは、わがままです。苦しみの後は必ず楽があります。
楽だけもないし、苦だけでもありません。
これこそが正負の法則、ぜったいに間違いありません。

勢至菩薩像

勢至菩薩とは、観音さまと同じ阿弥陀如来に仕えるペアの菩薩さまです。智慧の光明が多く一切を照らすことから大勢至とも呼ばれております。

当り前のことなんて何ひとつない

感受性の強いアンテナをいつもピンッと張っておきましょう。そうすると、新鮮なものがいつも飛び込んできて、当り前なんてことはなくなってしまいます。

釈尊菩提樹下瞑想図

私にとっては、久しぶりに年月を掛けた大作で菩提樹をわが家で育て、スケッチしてやっと完成した思い出の作品です。

多くのことばがあっても
それに意義がないものならば、
平和をもたらす意味深いひとことのほうが
はるかにすぐれている。

求めない

福

人の幸せは自分の幸せ

仏教では自分と他を別けません。

「あなたの幸せは私の幸せ」「あなたの悲しみは私の悲しみ」

という絶対一人称で考えます。

それができたとき、あなた自身の幸せが味わえます。

布袋和尚像
友人の経営する福祉センターのバザールでお会いし、わが家に来たいといわれるのでお迎えしました。益々、笑顔が冴えてきた布袋さまです。

「お金がもっと欲しい」なんて考えない

お金持ちでも不幸だったり、貧乏でも幸せな人は沢山います。
つまり考え方しだいです。
仏教では、「足ることを知れ」と教えます。
足ることを知れば、きっと幸せになると思います。

勢至菩薩坐像　京都・三千院
三千院の阿弥陀さまは、すぐそばで拝めますので、前に坐っていらっしゃる観音さまも勢至さまも膝っ小僧がピカッピカで、愛されているのがよくわかります。

区別はしても差別はしない

世の中の秩序を保つには区別が必要です。
それがないとごちゃごちゃになります。
差別は、人間の煩悩からくるものですから、
それはよくありません。
差別をなくして区別をする、これでいいのです。

阿弥陀如来坐像　鎌倉・浄光明寺
宝冠の阿弥陀さまはめずらしく、江戸時代に流行ったことから後で制作したのだとご住職さまに伺いました。私の大好きな仏さまのひとつで、初期の作品です。

なぜ死ぬのでしょう

それは生まれてきたからです。ただそれだけです。
病気、事故、年老いて、何があっても百パーセント
死ぬのは事実です。
仏教は、死を考えることこそ大切だと教えます。

文殊菩薩立像　鎌倉・極楽寺
三人寄れば文殊の智慧といいますが、頭の悪い私は、わが家の僧形文殊さまに毎朝、真言をあげてよい智慧をお授けくださいとお願いしています。

泣き寝入りしてはいけない

歯ぎしりするほど悔しい思いをしても、そこで泣き寝入りするのではなく、なにくそと思う精神が大切です。失敗しても、また、そこから前へ前へと再出発して進んでいけばいいのです。

聖観音菩薩像

松原先生と一緒に観音時計を制作しましたが、その原形になったのがこの観音さまで、私の描いた観音さまでは最もポピュラーなものです。

縁を育てる

有名な剣術指南の柳生家の家訓は、こう教えています。
「小才は縁にあっても縁に気づかず、中才は縁に気づいて
縁を生かさず、大才は袖ふれあうも縁を生かす」と。
これが縁を育てる極意です。

聖観音菩薩立像　奈良・法隆寺
恩師松原泰道先生の奥さま、志ずさまが大好きな作品です。ご夫妻でいつも個展に来てくださり、この観音さまを拝んでくださったのを思い出して、今は亡きご夫妻を想い目頭をおさえております。

「友達がもっと欲しい」なら心を開きなさい

だったら、あなたからなってあげなさい。
自分の心を開放してあげれば、どんどん友達が増えますよ。
さあ、あなたもやってみたらどうですか。

地蔵菩薩立像
お地蔵さまは何体描かせていただいたかわかりません。
シンプルなだけに線一本が微妙な表情となってあらわれます。
私の最近の作品です。

腹を立てても怒らない

「感情のまま怒ってはいけない」

江戸時代の名僧、白隠がいった言葉です。

かといって人間である以上、腹を立てないではいられません。

ただ、どんなときにも冷静に腹を立てることが大切なのです。

不動明王坐像
恐い顔ばかりでなくて、たまには親しい感じのお不動さんもいい。少しばかり可愛い感じにと制作してみました。

とことんやってみよう

誰でも同じ人生なんてまったくありません。
例外ばかり起こるのが人生です。
自分の目、耳、肌で感じたことが真実です。
とことんやってみてこそ、本当のことがわかるものです。

月光菩薩立像　奈良・薬師寺
薬師如来を助ける日光菩薩さまとお二人で、つまり24時間、
昼は日光、夜は月光と休むことなく働いていらっしゃる、
お医者さんの補助役です。

人を当てにしない

悩むだけ悩む、徹底的に悩む。
そしてどうしても駄目だとなったとき、初めて人に相談する。
何でもすぐに人に聞いてばかりでは進歩はありません。

阿弥陀如来立像
オリジナルの仏さまを描かせていただくようになって、
改めてまた、勉強する機会が多くなりました。
この作品もその中のひとつです。

淋しいと感じるときは外を見る

思いきって外へ出てみましょう。
淋しい人はいっぱいいますよ。
口に出さないだけです。本当は淋しくても
みんな元気に生きているのですから。

弥勒菩薩坐像　大阪・野中寺
人間誰でも救いを求めているせいでしょうか、弥勒さまも沢山いらっしゃいます。この菩薩さまも五十六億七千万年後には、どんな如来さまになるのでしょう。

自分の人生、自分持ち

責任を人のせいにしてはいませんか。
現在あるのはすべて、自分に源があるのです。
今あることは過去の結果なのです。

地蔵菩薩半跏像　兵庫・長楽寺
誰ですか行儀が悪いなんていう人は、そうではないのです。
こういう坐り方は人を助けるときにすぐに立ち上がってこちらへ来れるということなんですよ。

仕事は天に仕えるつとめ

働くことは大いなるものに仕えてこそ、
自分が築かれるものです。
仕事は天が与えてくれたものと自覚してこそ、
本当の仕事ができるのです。

薬王菩薩立像

二十五菩薩の中のひとりで、法華経の薬王菩薩本事品において説かれております。良薬を与え、衆生の心身の病苦を除いてくださる仏さまです。

結婚は
あせってはいけない

あせってはいけません。
結婚が幸せ、独身が不幸なんて、どちらでもありません。
ご縁を大切にしていれば、いつか必ずいい相手にめぐり会えます。

聖観音菩薩立像　京都・鞍馬寺
ほとんどの聖観音さまは、つぼみの蓮華を持っています。
開いたものを持っているのを見たことはありません。

煩悩はなくならない

煩悩がなくなるときは死ぬときです。
嫉妬や妬みは当然の感情です。
それをコントロールして前向きに、建設的に生きていく、
それが仏教の根本の教えです。

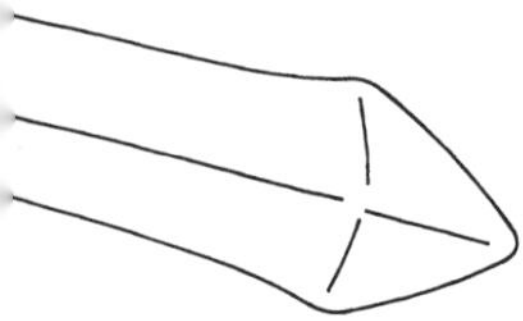

持国天立像　京都・浄瑠璃寺
仏教やその信者を守る神として知られている四天王の中のひとりで、東西南北のうち東方を守るのが持国天さまです。

いい顔になりたい

いい顔ってなんですか。
いい顔なんてありません。
あなたはいつもニコニコしているだけでいいのです。
シカメッツラはいけません。それだけでいい顔ですよ。

地蔵菩薩立像
私の孫のひとりが大人になったら、どんな顔になるか想像して描いたのがこのお地蔵さまで、カレンダーの案内状に使うと切り抜いて額に入れたという人もおられました。

もっと自由になりたい

そもそも自由とは何ですか。
自分の心を自由にすれば、すぐに自由になれるものです。
決めつけないこと、心を大きく開放すれば、
きっとそこに自由があります。

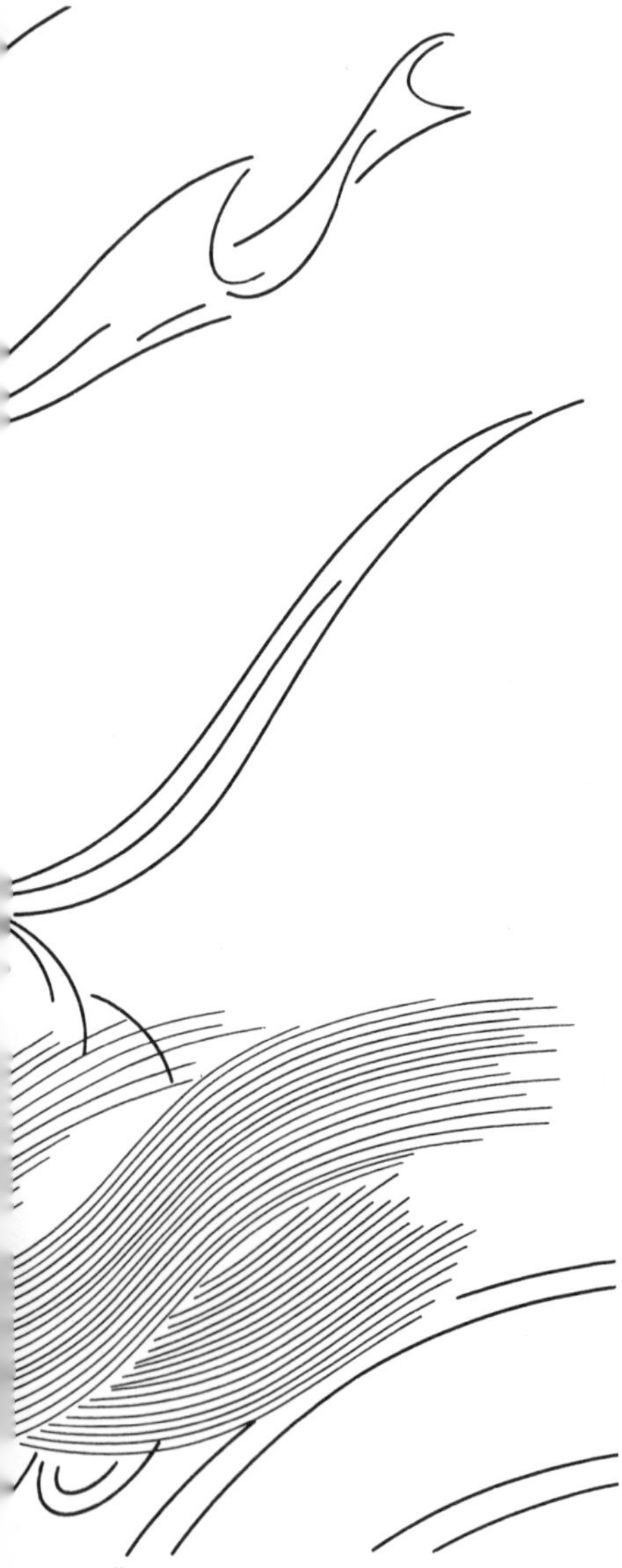

風天像
十二天のひとりで、インドでは風神と呼ばれて、福徳・子孫繁栄・長生きを与えてくれる神として崇められています。

私は善いことなどできないと
軽々しく心に抱いてはならない。
水が一滴、また一滴としたたって
水瓶をいっぱいにするように、
少しずつ、少しずつ続けていけることで
ついに善を満たすことはできるのだから。

かたよらない

ひとりの人間は
網の目のひとつ

網の目は四方共通の辺を持っています。
その辺がご縁です。
自分だけ幸せになろうと欲張ると
網は引きつれてしまいます。
ですから、人も自分も幸せになるようにすることが大切なのです。

如意輪観音坐像　大阪・観心寺
今は亡き、恩師松原泰道先生の大好きだった作品で
この仏さまを見るたびに私は先生を思い出し、目頭が熱くなります。

第三者として見るくせをつける

いろいろなことが起きても
冷静に見るようにしましょう。
出来事はひとつの現象だと思い、
第三者として俯瞰で見て淡々と生きていけばいいのです。

初江王坐像　鎌倉・円応寺
人は亡くなると必ず、あの世で十人の裁判官によって
裁かれるといわれております。その二七日の裁判官が
初江王さまです。

先入観を捨てなさい

期待したり、見返りを求めたりしていませんか。
先入観を持つと、それが邪魔をして本当のことがわからなくなってしまうことがよくあるからです。

聖観音菩薩坐像　香川・願興寺
とても美しい重要文化財の観音さまです。拝観できるのは、毎月8日の午前10時30分から正午までです。ぜひ一度拝まれたらいかがでしょう。

プラスとマイナスの見方を変える

リフレーミングということばがあります。

たとえばコップの中に水が半分入っているとします。

「まだ、こんなにある」と「もう、これしかない」

という見方の違いです。

見方を変えるだけで人生は大きく変わります。

阿弥陀如来像
親しみやすい阿弥陀さまとの思いから制作した仏さまで、
われながらとても近親感を感じる仏さまだと思っています。

真面目に生きるのが大切

自分の人間性を築くのが仕事の目的です。
仕事に真面目に取り組んでいればこそ幸せを手にすることができます。
そして、それこそが大いに信用に結びつくことなのです。

悲母観音立像
あの有名な狩野芳崖の名作を私なりに模写したものですが、いつの間にか人気が出て、今は私の代表作になってしまいました。

結果を恐れては駄目

物事は、結果ばかり気にして恐れているとまったく
進みません。
まず行動です。やらなければ何も始まりません。
行動が先、結果は後からついてくるものです。

水月観音坐像　鎌倉・東慶寺
小さな観音さまですが、とても美しくぜひ拝まれることをおすすめします。ただし、前もって電話で予約なさらないと拝観できません。

知ったかぶりはやめなさい

ちょっと聞いただけとか、少し読んだだけですべてがわかっているように話す人がいます。
条件や環境によってまったく違った答が出る場合もあるのですから、知ったかぶりはやめましょう。

五劫思惟阿弥陀像　奈良・東大寺
五劫という長い長い間、思惟にふけっていたため、髪が伸びて、このような姿になってしまったというめずらしい阿弥陀さまです。

周囲に学ぶものはいくらでもある

生きるヒントを見つけようとすれば、周りにいくらでもあります。
まず、学ぼう、教えてもらおうと謙虚な気持ちになれば、希望のひらめきは自らやってきます。

大日如来坐像
一般的に如来像は、装飾や宝冠をつけたりしませんが
大日如来だけは従来の約束を破って王者の姿となり、
それをつけています。

辛いのは当り前のこと

人間に生まれてきたのは修行のためなのです。
辛いことが当り前で、楽なことはほんの少しです。
そう理解すれば辛いことは普通になり、楽しいことは
もっともっと楽しくなります。

勢至菩薩坐像　鎌倉・浄光明寺
浄光明寺のご本尊、阿弥陀如来さまの脇侍ですが、
これがまた、とても素晴しく、この勢至菩薩さまが
好きで会いにくる人もいるそうです。

人がみんな幸せそうに見えていい

話せばみんな同じです。あなたのことも人は幸せだと思っていますよ。
「幸せ、幸せ」といつも口ぐせのように言っていましょう。
間違いなく幸せになりますよ。

薬師如来坐像　奈良・薬師寺
その名のとおり、病いをなおしてくださる仏さまとして信仰されてきました。24時間いつでも対応できるよう、日光、月光という菩薩さまを従えていらっしゃいます。

心を観音開きにしなさい

観音開きとは、障害をなくして、
すべてを開放することです。
こちらが心を開けば、相手も全部開いて入ってきます。
そして、こちらもさっと出ていけます。

千手観音立像　和歌山・道成寺
原画は高さ２メートルあり、わが家のご本尊です。毎朝、夫婦で観音経をあげて生かしていただいていることを感謝しております。

失敗しても見直すことはできる

人生は一回かぎりです。
失敗しても一からやり直すことはできませんが、
見直すことはできます。
見直して失敗をプラスにすれば、人生は豊かに変わってきます。

弥勒如来坐像　奈良・興福寺北円堂
弥勒菩薩さまが兜率天で五十六億七千万年後に修行を終え、お釈迦さまの教えで救われなかった私たちを救ってくださるのが弥勒如来さまです。

好奇心を持ちなさい

わからないことがあったらとことん聞いてみましょう。
わかると感動が生まれます。
感動が生まれると生き生きします。
感動ができなくなると人間はおしまいです。

虚空蔵菩薩坐像
虚空とは無限に大きいという意味で、蔵とは大宝蔵のことでどんなものでも欲しいものが入っていて与えてくれるということです。

後もどりはできない

話していることだけで、
もうどんどん過去になってしまいます。
ですから、いまこのときを大切に生きていないと、
未来は変わってこないのです。

大日如来坐像　奈良・円成寺
大和十三仏の中の大日如来さまです。運慶の初期の作品で傑作中の傑作です。いつお会いしてもそのりりしさに思わず手を合せます。

見かけの判断は禁物

一見して立派に見える人が、とんでもない人
だったりします。
あんな人がと思う人が、素晴しい人だったりすることが
よくあるものです。
見かけだけで判断は禁物。
よく話してみないと人はわからないものです。

不動明王坐像　奈良・宝山寺
大和十三仏の中のお不動さまです。外からも拝むことができ、
ぜひおすすめいたします。制多迦童子さまや矜羯羅童子さまも
一緒に拝めますので素晴しいです。

アングルを変えてみる

ついつい、とらわれている自分に気がついたら、
思いきってアングルを変えてみましょう。
そうすると、悩んでいたことがすぐに解決したりするものです。
本当に不思議です。

聖観音菩薩立像
台湾を旅行したとき、街中でこの観音さまに出会い
思わずスケッチさせていただき、帰国してから制作
したのがこの仏さまです。

著者略歴

武田　仁（たけだ　じん）

1937（昭和12）年、東京生まれ。

グラフィックデザイナーを経て、1981年から仏画家として創作活動を開始。太さ0.6ミリの線を基調に描く仏さまの線画は、従来の仏画にはない独創的な画風として人々の注目を集めた。日本国内はもとよりベルギー、アメリカでも作品展を開催。製図用のペンで描きだすシンプルな仏の世界は、たちまち国内外で高い評価を受け、各界の著名人をも魅了し続けている。

伝説のロックバンドQUEENの故フレディ・マーキュリー氏もそのひとりである。フレディ氏から直接依頼されたオリジナル作品は、現在もドミニオン・シアター（イギリス）のフレディ・マーキュリー展示室などに飾られている。

仏画集『0.6ミリの奇跡。武田　仁の仏の世界』は静かなブームとなった。

悩んでないで仏さまに聞いてごらん

2010年7月21日　初版発行　　2017年8月1日　第3刷発行

著　者　武田　仁　　©Jin Takeda

発行人　森　　忠順

発行所　株式会社セルバ出版
〒113-0034
東京都文京区湯島1丁目12番6号高関ビル5B
☎ 03(5812)1178　　FAX 03(5812)1188
http://www.seluba.co.jp/

発　売　株式会社創英社／三省堂書店
〒101-0051
東京都千代田区神田神保町1丁目1番地
☎ 03(3291)2295　　FAX 03(3292)7687

印刷・製本　モリモト印刷株式会社

Printed in JAPAN
ISBN978-4-86367-034-1